Scholastic

daily record keeper

NAME _____

SCHOOL _____

LEVEL _____

YEAR _____

The 28 record-keeping spreadsheets in this book provide a year's worth of grading charts for recording student progress across seven subjects in marking periods of up to 10 weeks each. Make use of unmarked columns to record makeup work, additional assignments, remedial activities, or other pertinent information. The date and criteria for assignments can be recorded at the top of each column. At the far right of the spreadsheet, there are three columns for final marking period averages, with additional space to explain each mark. Use the last column to record the number of the textbook or other materials that you assign to each student.

The column at the far left provides space for up to 40 students in a class. Names need to be written only once for each subject. When the next marking period begins, simply tear off or fold back the name section. The extra data lines leave room for you to add new enrollees as the year progresses or write special notes and reminders.

A Class Record chart, placed conveniently at the front of this book, offers space to record your students' names, birthdays, parents, phone numbers, and addresses or other contact information. Pages in the back provide space for notes on grading, information for substitutes, room notes and seating charts, personal reminders, and individual student information.

A First-Aid Guide appears on the page at left with space below for you to record important medical information for students with special medical needs and attach a copy your school year calendar.

CLASS RECORD

Pupil Name	Birthday	Parents' Names	Home Phone
1			
2			
3			
4			
5			
6			
7			
8			
9			
10			
11			
12			
13			
14			
15			
16			
17			
18			
19			
20			
21			
22			
23			
24			
25			
26			
27			
28			
29			
30			
31			
32			
33			
34			
35			

Business Phone	Address

Subject _____

Date						
Name	Basis for mark					
	1					
	2					
	3					
	4					
	5					
	6					
	7					
	8					
	9					
	10					
	11					
	12					
	13					
	14					
	15					
	16					
	17					
	18					
	19					
	20					
	21					
	22					
	23					
	24					
	25					
	26					
	27					
	28					
	29					
	30					
	31					
	32					
	33					
	34					
	35					

Marking Period _____ to _____

Marking Period Average

Text book No.

					1		
					2		
					3		
					4		
					5		
					6		
					7		
					8		
					9		
					10		
					11		
					12		
					13		
					14		
					15		
					16		
					17		
					18		
					19		
					20		
					21		
					22		
					23		
					24		
					25		
					26		
					27		
					28		
					29		
					30		
					31		
					32		
					33		
					34		
					35		

Date																									
Name	Basis for mark																								
	1																								
	2																								
	3																								
	4																								
	5																								
	6																								
	7																								
	8																								
	9																								
	10																								
	11																								
	12																								
	13																								
	14																								
	15																								
	16																								
	17																								
	18																								
	19																								
	20																								
	21																								
	22																								
	23																								
	24																								
	25																								
	26																								
	27																								
	28																								
	29																								
	30																								
	31																								
	32																								
	33																								
	34																								
	35																								

Subject ——————————————

									Marking Period Average			
												Text book No.
								1				
								2				
								3				
								4				
								5				
								6				
								7				
								8				
								9				
								10				
								11				
								12				
								13				
								14				
								15				
								16				
								17				
								18				
								19				
								20				
								21				
								22				
								23				
								24				
								25				
								26				
								27				
								28				
								29				
								30				
								31				
								32				
								33				
								34				
								35				

Subject ——————————————————————

Date							
Basis for mark							
Name							
	1						
	2						
	3						
	4						
	5						
	6						
	7						
	8						
	9						
	10						
	11						
	12						
	13						
	14						
	15						
	16						
	17						
	18						
	19						
	20						
	21						
	22						
	23						
	24						
	25						
	26						
	27						
	28						
	29						
	30						
	31						
	32						
	33						
	34						
	35						

Marking Period ———————————— to ————————————————

							Marking Period Average			
										Text-book No.
						1				
						2				
						3				
						4				
						5				
						6				
						7				
						8				
						9				
						10				
						11				
						12				
						13				
						14				
						15				
						16				
						17				
						18				
						19				
						20				
						21				
						22				
						23				
						24				
						25				
						26				
						27				
						28				
						29				
						30				
						31				
						32				
						33				
						34				
						35				

Subject _____

Date	Basis for mark																																									
Name																																														
	1																																													
	2																																													
	3																																													
	4																																													
	5																																													
	6																																													
	7																																													
	8																																													
	9																																													
	10																																													
	11																																													
	12																																													
	13																																													
	14																																													
	15																																													
	16																																													
	17																																													
	18																																													
	19																																													
	20																																													
	21																																													
	22																																													
	23																																													
	24																																													
	25																																													
	26																																													
	27																																													
	28																																													
	29																																													
	30																																													
	31																																													
	32																																													
	33																																													
	34																																													
	35																																													
	Basis for mark																																													

Marking Period ——————————— to —————————————

						Marking Period Average			
									Text-book No.
					1				
					2				
					3				
					4				
					5				
					6				
					7				
					8				
					9				
					10				
					11				
					12				
					13				
					14				
					15				
					16				
					17				
					18				
					19				
					20				
					21				
					22				
					23				
					24				
					25				
					26				
					27				
					28				
					29				
					30				
					31				
					32				
					33				
					34				
					35				

Date							
Name	Basis for mark						
	1						
	2						
	3						
	4						
	5						
	6						
	7						
	8						
	9						
	10						
	11						
	12						
	13						
	14						
	15						
	16						
	17						
	18						
	19						
	20						
	21						
	22						
	23						
	24						
	25						
	26						
	27						
	28						
	29						
	30						
	31						
	32						
	33						
	34						
	35						

Subject

Tear or
fold here

							Marking Period Average			
										Text-book No.
						1				
						2				
						3				
						4				
						5				
						6				
						7				
						8				
						9				
						10				
						11				
						12				
						13				
						14				
						15				
						16				
						17				
						18				
						19				
						20				
						21				
						22				
						23				
						24				
						25				
						26				
						27				
						28				
						29				
						30				
						31				
						32				
						33				
						34				
						35				

Subject _____

Date									
Basis for mark									
Name									
	1								
	2								
	3								
	4								
	5								
	6								
	7								
	8								
	9								
	10								
	11								
	12								
	13								
	14								
	15								
	16								
	17								
	18								
	19								
	20								
	21								
	22								
	23								
	24								
	25								
	26								
	27								
	28								
	29								
	30								
	31								
	32								
	33								
	34								
	35								
Basis for mark									

Subject

Marking Period _____ to _____

	Marking Period Average		

Text-book No.

1	
2	
3	
4	
5	
6	
7	
8	
9	
10	
11	
12	
13	
14	
15	
16	
17	
18	
19	
20	
21	
22	
23	
24	
25	
26	
27	
28	
29	
30	
31	
32	
33	
34	
35	

Subject —————————————

Date																											
	Basis for mark																										
Name																											
	1																										
	2																										
	3																										
	4																										
	5																										
	6																										
	7																										
	8																										
	9																										
	10																										
	11																										
	12																										
	13																										
	14																										
	15																										
	16																										
	17																										
	18																										
	19																										
	20																										
	21																										
	22																										
	23																										
	24																										
	25																										
	26																										
	27																										
	28																										
	29																										
	30																										
	31																										
	32																										
	33																										
	34																										
	35																										
	Basis for mark																										

Marking Period ——————————— to ———————————

Marking Period Average

Text-
book
No.

	1	
	2	
	3	
	4	
	5	
	6	
	7	
	8	
	9	
	10	
	11	
	12	
	13	
	14	
	15	
	16	
	17	
	18	
	19	
	20	
	21	
	22	
	23	
	24	
	25	
	26	
	27	
	28	
	29	
	30	
	31	
	32	
	33	
	34	
	35	

Subject —————————————————

Date																																		
Basis for mark																																		
Name																																		

Name		
	1	
	2	
	3	
	4	
	5	
	6	
	7	
	8	
	9	
	10	
	11	
	12	
	13	
	14	
	15	
	16	
	17	
	18	
	19	
	20	
	21	
	22	
	23	
	24	
	25	
	26	
	27	
	28	
	29	
	30	
	31	
	32	
	33	
	34	
	35	

Subject —————————————————

Marking Period _____ to _____

	Marking Period Average	
	Text-book No.

No.
1
2
3
4
5
6
7
8
9
10
11
12
13
14
15
16
17
18
19
20
21
22
23
24
25
26
27
28
29
30
31
32
33
34
35

Marking Period _____ to _____

Subject

Date	Basis for mark						
Name		1					
		2					
		3					
		4					
		5					
		6					
		7					
		8					
		9					
		10					
		11					
		12					
		13					
		14					
		15					
		16					
		17					
		18					
		19					
		20					
		21					
		22					
		23					
		24					
		25					
		26					
		27					
		28					
		29					
		30					
		31					
		32					
		33					
		34					
		35					

Subject

Marking Period ——————————— to ———————————

Marking Period Average

Text-book No.

1	
2	
3	
4	
5	
6	
7	
8	
9	
10	
11	
12	
13	
14	
15	
16	
17	
18	
19	
20	
21	
22	
23	
24	
25	
26	
27	
28	
29	
30	
31	
32	
33	
34	
35	

Date						
Basis for mark						
Name						
	1					
	2					
	3					
	4					
	5					
	6					
	7					
	8					
	9					
	10					
	11					
	12					
	13					
	14					
	15					
	16					
	17					
	18					
	19					
	20					
	21					
	22					
	23					
	24					
	25					
	26					
	27					
	28					
	29					
	30					
	31					
	32					
	33					
	34					
	35					

Subject

Marking Period ———————————— to ————————————

Marking Period Average

Tex
boo
No.

					1		
					2		
					3		
					4		
					5		
					6		
					7		
					8		
					9		
					10		
					11		
					12		
					13		
					14		
					15		
					16		
					17		
					18		
					19		
					20		
					21		
					22		
					23		
					24		
					25		
					26		
					27		
					28		
					29		
					30		
					31		
					32		
					33		
					34		
					35		

Subject ─────────────────────────────

Date																																	
Basis for mark																																	
Name																																		
	1																																	
	2																																	
	3																																	
	4																																	
	5																																	
	6																																	
	7																																	
	8																																	
	9																																	
	10																																	
	11																																	
	12																																	
	13																																	
	14																																	
	15																																	
	16																																	
	17																																	
	18																																	
	19																																	
	20																																	
	21																																	
	22																																	
	23																																	
	24																																	
	25																																	
	26																																	
	27																																	
	28																																	
	29																																	
	30																																	
	31																																	
	32																																	
	33																																	
	34																																	
	35																																	

Basis for mark

Marking Period ——————————————— to ———————————————

						Marking Period Average			
									Text-book No.
					1				
					2				
					3				
					4				
					5				
					6				
					7				
					8				
					9				
					10				
					11				
					12				
					13				
					14				
					15				
					16				
					17				
					18				
					19				
					20				
					21				
					22				
					23				
					24				
					25				
					26				
					27				
					28				
					29				
					30				
					31				
					32				
					33				
					34				
					35				

Subject ——————————————————————

Date						
Basis for mark						
Name						
	1					
	2					
	3					
	4					
	5					
	6					
	7					
	8					
	9					
	10					
	11					
	12					
	13					
	14					
	15					
	16					
	17					
	18					
	19					
	20					
	21					
	22					
	23					
	24					
	25					
	26					
	27					
	28					
	29					
	30					
	31					
	32					
	33					
	34					
	35					

Marking Period _____ to _____

Marking Period Average

Text-
book
No.

	1			
	2			
	3			
	4			
	5			
	6			
	7			
	8			
	9			
	10			
	11			
	12			
	13			
	14			
	15			
	16			
	17			
	18			
	19			
	20			
	21			
	22			
	23			
	24			
	25			
	26			
	27			
	28			
	29			
	30			
	31			
	32			
	33			
	34			
	35			

Subject —

Date	Basis for mark						
Name							
	1						
	2						
	3						
	4						
	5						
	6						
	7						
	8						
	9						
	10						
	11						
	12						
	13						
	14						
	15						
	16						
	17						
	18						
	19						
	20						
	21						
	22						
	23						
	24						
	25						
	26						
	27						
	28						
	29						
	30						
	31						
	32						
	33						
	34						
	35						
	Basis for mark						

Tear or
fold here

						Marking Period Average			
									Text-book No.
					1				
					2				
					3				
					4				
					5				
					6				
					7				
					8				
					9				
					10				
					11				
					12				
					13				
					14				
					15				
					16				
					17				
					18				
					19				
					20				
					21				
					22				
					23				
					24				
					25				
					26				
					27				
					28				
					29				
					30				
					31				
					32				
					33				
					34				
					35				

Subject _____

Date	Basis for mark							
Name								
	1							
	2							
	3							
	4							
	5							
	6							
	7							
	8							
	9							
	10							
	11							
	12							
	13							
	14							
	15							
	16							
	17							
	18							
	19							
	20							
	21							
	22							
	23							
	24							
	25							
	26							
	27							
	28							
	29							
	30							
	31							
	32							
	33							
	34							
	35							
	Basis for mark							

Marking Period ———————————— to ————————————

						Marking Period Average			
									Text-book No.
						1			
						2			
						3			
						4			
						5			
						6			
						7			
						8			
						9			
						10			
						11			
						12			
						13			
						14			
						15			
						16			
						17			
						18			
						19			
						20			
						21			
						22			
						23			
						24			
						25			
						26			
						27			
						28			
						29			
						30			
						31			
						32			
						33			
						34			
						35			

Subject _____

Date	Basis for mark								
Name		1							
		2							
		3							
		4							
		5							
		6							
		7							
		8							
		9							
		10							
		11							
		12							
		13							
		14							
		15							
		16							
		17							
		18							
		19							
		20							
		21							
		22							
		23							
		24							
		25							
		26							
		27							
		28							
		29							
		30							
		31							
		32							
		33							
		34							
		35							

Marking Period ——————— to ———————

					Marking Period Average		

Text book No.

					1		
					2		
					3		
					4		
					5		
					6		
					7		
					8		
					9		
					10		
					11		
					12		
					13		
					14		
					15		
					16		
					17		
					18		
					19		
					20		
					21		
					22		
					23		
					24		
					25		
					26		
					27		
					28		
					29		
					30		
					31		
					32		
					33		
					34		
					35		

Subject —

Date																											
Basis for mark																											
Name																											
	1																										
	2																										
	3																										
	4																										
	5																										
	6																										
	7																										
	8																										
	9																										
	10																										
	11																										
	12																										
	13																										
	14																										
	15																										
	16																										
	17																										
	18																										
	19																										
	20																										
	21																										
	22																										
	23																										
	24																										
	25																										
	26																										
	27																										
	28																										
	29																										
	30																										
	31																										
	32																										
	33																										
	34																										
	35																										

Subject —

Basis for mark

Tear or
fold here

Marking Period Average

Text-
book
No.

1
2
3
4
5
6
7
8
9
10
11
12
13
14
15
16
17
18
19
20
21
22
23
24
25
26
27
28
29
30
31
32
33
34
35

Subject _____

Date	Basis for mark						
Name							
	1						
	2						
	3						
	4						
	5						
	6						
	7						
	8						
	9						
	10						
	11						
	12						
	13						
	14						
	15						
	16						
	17						
	18						
	19						
	20						
	21						
	22						
	23						
	24						
	25						
	26						
	27						
	28						
	29						
	30						
	31						
	32						
	33						
	34						
	35						

Marking Period —————————— to ——————————

Marking Period Average

Text-
book
No.

							No.			
							1			
							2			
							3			
							4			
							5			
							6			
							7			
							8			
							9			
							10			
							11			
							12			
							13			
							14			
							15			
							16			
							17			
							18			
							19			
							20			
							21			
							22			
							23			
							24			
							25			
							26			
							27			
							28			
							29			
							30			
							31			
							32			
							33			
							34			
							35			

Marking Period —————————— to ——————————

Date							
Basis for mark							
Name							
	1						
	2						
	3						
	4						
	5						
	6						
	7						
	8						
	9						
	10						
	11						
	12						
	13						
	14						
	15						
	16						
	17						
	18						
	19						
	20						
	21						
	22						
	23						
	24						
	25						
	26						
	27						
	28						
	29						
	30						
	31						
	32						
	33						
	34						
	35						

Subject

Marking Period ——————————— to ———————————

Marking Period Average

Tex
boo
No.

| 1 |
| 2 |
| 3 |
| 4 |
| 5 |
| 6 |
| 7 |
| 8 |
| 9 |
| 10 |
| 11 |
| 12 |
| 13 |
| 14 |
| 15 |
| 16 |
| 17 |
| 18 |
| 19 |
| 20 |
| 21 |
| 22 |
| 23 |
| 24 |
| 25 |
| 26 |
| 27 |
| 28 |
| 29 |
| 30 |
| 31 |
| 32 |
| 33 |
| 34 |
| 35 |

Subject —————————————

Date							
Basis for mark							
Name							

	1
	2
	3
	4
	5
	6
	7
	8
	9
	10
	11
	12
	13
	14
	15
	16
	17
	18
	19
	20
	21
	22
	23
	24
	25
	26
	27
	28
	29
	30
	31
	32
	33
	34
	35

Basis for mark

Marking Period ———————————— to ————————————

	Marking Period Average		
			Text-book No.
1			
2			
3			
4			
5			
6			
7			
8			
9			
10			
11			
12			
13			
14			
15			
16			
17			
18			
19			
20			
21			
22			
23			
24			
25			
26			
27			
28			
29			
30			
31			
32			
33			
34			
35			

Subject _____

Date	Basis for mark																												
Name	1																												
	2																												
	3																												
	4																												
	5																												
	6																												
	7																												
	8																												
	9																												
	10																												
	11																												
	12																												
	13																												
	14																												
	15																												
	16																												
	17																												
	18																												
	19																												
	20																												
	21																												
	22																												
	23																												
	24																												
	25																												
	26																												
	27																												
	28																												
	29																												
	30																												
	31																												
	32																												
	33																												
	34																												
	35																												

Marking Period ———————————— to ————————————

Marking Period Average

Text-
book
No.

	1	
	2	
	3	
	4	
	5	
	6	
	7	
	8	
	9	
	10	
	11	
	12	
	13	
	14	
	15	
	16	
	17	
	18	
	19	
	20	
	21	
	22	
	23	
	24	
	25	
	26	
	27	
	28	
	29	
	30	
	31	
	32	
	33	
	34	
	35	

Subject _____

Date	Basis for mark						
Name							
	1						
	2						
	3						
	4						
	5						
	6						
	7						
	8						
	9						
	10						
	11						
	12						
	13						
	14						
	15						
	16						
	17						
	18						
	19						
	20						
	21						
	22						
	23						
	24						
	25						
	26						
	27						
	28						
	29						
	30						
	31						
	32						
	33						
	34						
	35						

Tear or
fold here

						Marking Period Average			
									Text-book No.
					1				
					2				
					3				
					4				
					5				
					6				
					7				
					8				
					9				
					10				
					11				
					12				
					13				
					14				
					15				
					16				
					17				
					18				
					19				
					20				
					21				
					22				
					23				
					24				
					25				
					26				
					27				
					28				
					29				
					30				
					31				
					32				
					33				
					34				
					35				

Subject ———————————————————————————

Date	Basis for mark																											
Name																												
	1																											
	2																											
	3																											
	4																											
	5																											
	6																											
	7																											
	8																											
	9																											
	10																											
	11																											
	12																											
	13																											
	14																											
	15																											
	16																											
	17																											
	18																											
	19																											
	20																											
	21																											
	22																											
	23																											
	24																											
	25																											
	26																											
	27																											
	28																											
	29																											
	30																											
	31																											
	32																											
	33																											
	34																											
	35																											

Marking Period ——————————— to ———————————

	Marking Period Average			
				Text-book No.
1				
2				
3				
4				
5				
6				
7				
8				
9				
10				
11				
12				
13				
14				
15				
16				
17				
18				
19				
20				
21				
22				
23				
24				
25				
26				
27				
28				
29				
30				
31				
32				
33				
34				
35				

Subject —————————————————

Date						
Basis for mark						
Name						
	1					
	2					
	3					
	4					
	5					
	6					
	7					
	8					
	9					
	10					
	11					
	12					
	13					
	14					
	15					
	16					
	17					
	18					
	19					
	20					
	21					
	22					
	23					
	24					
	25					
	26					
	27					
	28					
	29					
	30					
	31					
	32					
	33					
	34					
	35					

Marking Period ——————————— to ———————————

							Marking Period Average		
									Text-book No.
						1			
						2			
						3			
						4			
						5			
						6			
						7			
						8			
						9			
						10			
						11			
						12			
						13			
						14			
						15			
						16			
						17			
						18			
						19			
						20			
						21			
						22			
						23			
						24			
						25			
						26			
						27			
						28			
						29			
						30			
						31			
						32			
						33			
						34			
						35			
							Marking Period Average		

Subject —

Date																																				

Basis for mark

Name

1
2
3
4
5
6
7
8
9
10
11
12
13
14
15
16
17
18
19
20
21
22
23
24
25
26
27
28
29
30
31
32
33
34
35

Marking Period _____ to _____

Marking Period Average

Text-
book
No.

						1	
						2	
						3	
						4	
						5	
						6	
						7	
						8	
						9	
						10	
						11	
						12	
						13	
						14	
						15	
						16	
						17	
						18	
						19	
						20	
						21	
						22	
						23	
						24	
						25	
						26	
						27	
						28	
						29	
						30	
						31	
						32	
						33	
						34	
						35	

Date																															

Subject

Name	Basis for mark																									
	1																									
	2																									
	3																									
	4																									
	5																									
	6																									
	7																									
	8																									
	9																									
	10																									
	11																									
	12																									
	13																									
	14																									
	15																									
	16																									
	17																									
	18																									
	19																									
	20																									
	21																									
	22																									
	23																									
	24																									
	25																									
	26																									
	27																									
	28																									
	29																									
	30																									
	31																									
	32																									
	33																									
	34																									
	35																									

								Marking Period Average			
											Text-book No.
							1				
							2				
							3				
							4				
							5				
							6				
							7				
							8				
							9				
							10				
							11				
							12				
							13				
							14				
							15				
							16				
							17				
							18				
							19				
							20				
							21				
							22				
							23				
							24				
							25				
							26				
							27				
							28				
							29				
							30				
							31				
							32				
							33				
							34				
							35				

Subject _____

Date							
Basis for mark							
Name							

Name						
	1					
	2					
	3					
	4					
	5					
	6					
	7					
	8					
	9					
	10					
	11					
	12					
	13					
	14					
	15					
	16					
	17					
	18					
	19					
	20					
	21					
	22					
	23					
	24					
	25					
	26					
	27					
	28					
	29					
	30					
	31					
	32					
	33					
	34					
	35					

Marking Period ——————————— to ———————————

Marking Period Average

Tex
boo
No.

					1		
					2		
					3		
					4		
					5		
					6		
					7		
					8		
					9		
					10		
					11		
					12		
					13		
					14		
					15		
					16		
					17		
					18		
					19		
					20		
					21		
					22		
					23		
					24		
					25		
					26		
					27		
					28		
					29		
					30		
					31		
					32		
					33		
					34		
					35		

Subject _____

Date								
Name	Basis for mark							
	1							
	2							
	3							
	4							
	5							
	6							
	7							
	8							
	9							
	10							
	11							
	12							
	13							
	14							
	15							
	16							
	17							
	18							
	19							
	20							
	21							
	22							
	23							
	24							
	25							
	26							
	27							
	28							
	29							
	30							
	31							
	32							
	33							
	34							
	35							

Subject _____

Marking Period _____ to _____

Tear or
fold here

Marking Period Average

Text-
book
No.

| 1 |
| 2 |
| 3 |
| 4 |
| 5 |
| 6 |
| 7 |
| 8 |
| 9 |
| 10 |
| 11 |
| 12 |
| 13 |
| 14 |
| 15 |
| 16 |
| 17 |
| 18 |
| 19 |
| 20 |
| 21 |
| 22 |
| 23 |
| 24 |
| 25 |
| 26 |
| 27 |
| 28 |
| 29 |
| 30 |
| 31 |
| 32 |
| 33 |
| 34 |
| 35 |

Subject —————————————

Date	Basis for mark										
Name											
	1										
	2										
	3										
	4										
	5										
	6										
	7										
	8										
	9										
	10										
	11										
	12										
	13										
	14										
	15										
	16										
	17										
	18										
	19										
	20										
	21										
	22										
	23										
	24										
	25										
	26										
	27										
	28										
	29										
	30										
	31										
	32										
	33										
	34										
	35										
	Basis for mark										

Marking Period ——————————— to ———————————

Tear or
fold here

Marking Period Average

Text-
book
No.

1
2
3
4
5
6
7
8
9
10
11
12
13
14
15
16
17
18
19
20
21
22
23
24
25
26
27
28
29
30
31
32
33
34
35

GRADING NOTES

You may want to use this space to include your grading system,
extra-credit grading, and makeup work policies.

ROOM NOTES

Use these pages to attach seating charts, a fire exit map, emergency drill instructions, and special room notes.

SPECIAL NOTES

Personal school reminders for you and additional information on your students.